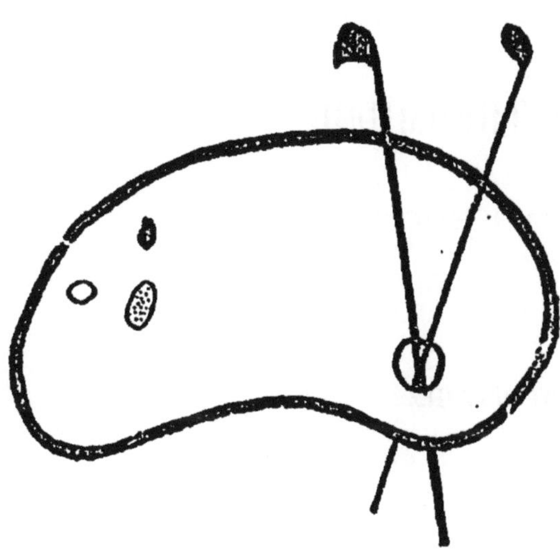

LA

POLITIQUE DE ROBESPIERRE

ET LE 9 THERMIDOR

EXPLIQUÉS PAR BUONARROTI

PAR

ALBERT MATHIEZ

EXTRAIT DES *ANNALES RÉVOLUTIONNAIRES*
Octobre-Décembre 1910, pp. 481-513.

LE PUY
IMPRIMERIE PEYRILLER, ROUCHON & GAMON
23, BOULEVARD CARNOT, 23

1910

DU MÊME AUTEUR

Les Origines des cultes révolutionnaires (1789-1792). 1 vol. in-8. Paris, Cornély, 1904.

La Théophilanthropie et le Culte décadaire (1796-1802). 1 vol. in-8. Alcan, 1904.

Contributions à l'histoire religieuse de la Révolution française. Préface de M. Gabriel Monod. 1 vol. in-8. Alcan, 1907.

La Révolution et l'Église. Études critiques et documentaires. 1 vol. in-8. Armand Colin, 1910.

Le Club des Cordeliers pendant la crise de Varennes et le massacre du Champ de Mars. Documents en grande partie inédits publiés avec une introduction, des éclaircissements et des notes. 1 vol. in 8. H. Champion, 1910.

La question sociale pendant la Révolution française. Une brochure in-8. Cornély, 1905.

Étude critique sur les journées des 5 et 6 octobre 1789. Paris, 1899 (Ext. de la *Revue historique*).

Le bureau politique du Directoire. Paris, 1902 (Ext. de la *Revue historique*).

Les comptes décadaires des autorités du gouvernement révolutionnaire et des Commissaires du Directoire (Ext. de la *Revue d'histoire moderne*, 1902 et 1903).

Taine historien (Ext. de la *Revue d'histoire moderne*, 1907).

Rome et la Constituante, série d'articles dans *La Révolution française*, 1907, t. LII, p. 97-132, t. LIII, p. 139-168, p. 326-354, p. 385-411), 1908 (t. LIV, p. 97-131, 308-334) et dans les *Annales révolutionnaires* (t. I, p. 584-610, t. II, p. 7-24, t. III, p. 80-91).

Robespierre et le culte de l'Être suprême (Ext. des *Annales révolutionnaires*, t. III, p. 209-238).

Lettres de Volney à La Révellière-Lépeaux (1795-1798) (Ext. des *Annales révolutionnaires*, t. III, p. 161-194).

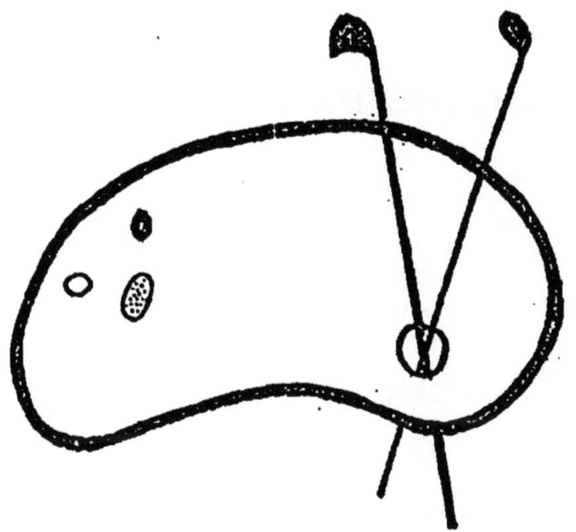

FIN D'UNE SERIE DE DOCUMENTS
EN COULEUR

LA
POLITIQUE DE ROBESPIERRE
ET LE 9 THERMIDOR
EXPLIQUÉS PAR BUONARROTI

PAR

ALBERT MATHIEZ

EXTRAIT DES *ANNALES RÉVOLUTIONNAIRES*
Octobre-Décembre 1910, pp. 481-513.

LE PUY
IMPRIMERIE PEYRILLER, ROUCHON & GAMON
23, BOULEVARD CARNOT, 23
—
1910

LA POLITIQUE DE ROBESPIERRE

ET LE 9 THERMIDOR

EXPLIQUÉS PAR BUONARROTI (1)

Les socialistes de la première génération, ceux qu'on qualifie sommairement d'utopistes, faute de les bien connaître, ont professé pour Robespierre une admiration sans bornes. Le chef des Chartistes, Bronterre O'Brien se proclamait hautement son disciple et pour défendre sa mémoire écrivait tout un livre, dont le titre dit le contenu : *La vie et le caractère de Maximilien Robespierre où l'on prouve par des faits et des arguments que ce personnage si calomnié fut l'un des plus grands hommes et l'un des réformateurs les plus purs et les plus éclairés qui aient jamais existé dans le monde* (2).

Bronterre O'Brien s'efforçait de démontrer dans cet ouvrage que « la seule ambition de la vie de Robespierre fut d'établir en France le règne de la vertu et le bonheur universel et de réformer l'organisation sociale de tous ses membres » (3). Contre la classe bourgeoise qui avait voulu confisquer la Révolution à son profit par la Constitution

(1) SOURCES : Papiers de Buonarroti à la Bibliothèque Nationale, Mss. f. fr. nouv. acq. 20804; *Conspiration pour l'Egalité dite de Babeuf* par Ph. Buonarroti. Paris, Baudouin, 1830, 2 vol. 8°; Georges Weill, Philippe Buonarroti, dans la *Revue Historique*, 1901, t. 2 et 1905, t. 2 ; Paul Robiquet, *Buonarroti*, Hachette, 1910 ; etc.

(2) Londres, Watson, sans date [1837], le premier volume seul a paru.

(3) Cité par Ed. Dolléans, *Revue d'histoire des doctrines économiques et sociales*, 1909, n° 4, p. 45.

censitaire de 1791, Robespierre s'était levé et avait engagé un combat sans merci. « Robespierre et ses amis aspiraient à une vraie démocratie qui garantirait à chaque homme le droit au produit intégral de son travail. S'ils travaillèrent à assurer la Constitution de 1793, ce fut plus dans des visées socialistes que dans des visées politiques » (1). L'Égalité politique n'était pour eux qu'un moyen, l'Égalité sociale était le but.

Le mouvement chartiste se trouve donc avoir été inspiré directement de la pensée robespierriste.

Bronterre O'Brien était venu à Robespierre par Buonarroti, dont il avait traduit en 1836 la *Conspiration pour l'Egalité* (2).

C'est une chose remarquable, à laquelle on n'a pas fait assez attention, que le socialisme anglais et le socialisme français aient la même origine, qu'ils soient sortis tous deux du babouvisme qui se donnait pour la suite et la résurrection du robespierrisme.

Tous les historiens s'accordent pour faire à Philippe Buonarroti la part la plus importante dans la formation et l'éducation du parti socialiste français à l'époque de 1830. Le vénérable descendant de Michel-Ange, le glorieux réchappé de la Haute Cour de Vendôme, fut vraiment un chef d'école qui continuait à prêcher d'exemple, une sorte de patriarche dont les conseils étaient très écoutés.

Ranc, qui a donné au début de sa carrière politique une édition populaire de la Conspiration pour l'Egalité, a fait remarquer avec raison que Buonarroti fut le lien vivant entre les révolutionnaires du Directoire et ceux de la Restauration et que grâce à lui la tradition socialiste ne fut pas un seul instant interrompue.

On connaît assez mal les détails de sa vie sous le Consulat et sous l'Empire et cela n'est pas étonnant. Un conspirateur

(1) Ed. Dolléans, *ibid.*, p. 46.

(2) Cette traduction parut chez Hetherington.

laisse le moins possible de traces de son action. On sait cependant que, placé en surveillance à Genève, il y fonda avec l'aide du frère de Marat une loge maçonnique les *Amis Sincères* qui étaient affiliés aux Philadelphes. La loge fut dissoute par le préfet (1). On sait aussi qu'après 1815 Buonarroti fonda le groupe des *Sublimes Maîtres Parfaits* qui prolongeait les Philadelphes. Il s'efforçait alors de délivrer l'Italie et la travaillait par un de ses élèves Andryane qui fut arrêté à Milan en 1823. Expulsé de Genève après l'arrestation d'Andryane, il s'établit à Bruxelles et y forma bientôt de nouveaux disciples comme les frères Delhasse et Charles Teste. C'est là qu'il écrivit la *Conspiration pour l'Egalité* dont la première édition parut en 1828. Rentré en France après 1830, il fut mêlé activement à l'agitation révolutionnaire des débuts du règne de Louis-Philippe. Il inspirait la partie la plus ardente de la société des Droits de l'Homme et de la société des Amis du peuple. Les insurgés de Lyon le consultaient et ne suivaient d'ailleurs pas les conseils de calme qu'il leur envoyait. Voyer d'Argenson lui donnait l'hospitalité dans sa maison. Trélat, Hauréau, l'écoutaient avec admiration raconter ses souvenirs. Raspail venait le voir. Louis Blanc, qui lui dut peut-être quelques-unes de ses idées sociales, nous a laissé de lui un portrait apologétique : « La gravité de son maintien, dit-il, l'autorité de sa « parole toujours onctueuse quoique sévère, son visage noble- « ment altéré par l'habitude des méditations et une longue « pratique de la vie, son vaste front, son regard plein de « pensées, le fier dessin de ses lèvres accoutumées à la « prudence, tout le rendait semblable aux Sages de l'an- « cienne Grèce. Il en avait la vertu, la pénétration, la bonté. « Son austérité même était d'une douceur infinie » (2). Louis Blanc, qui se proclame son élève, explique que s'il était peu connu de la foule, vivant retiré et inaperçu, « son action

(1) Georges Weill, article cité.

(2) Georges Weill, article cité, *Revue historique*, 1901-2, p. 273-274.

était loin d'être sans puissance ». « Pauvre et réduit pour vivre à donner quelques leçons de musique, du fond de sa retraite il gouvernait de généreux esprits, faisait mouvoir bien des ressorts cachés et, dans la sphère où s'exerçait son ascendant, secondé par Voyer d'Argenson et par Teste, tenait les rênes de la propagande, soit qu'il fallût accélérer le mouvement ou le ralentir » (1). Il est probable que Louis Blanc lui dut son admiration pour Robespierre.

M. Fournière a supposé avec vraisemblance que Blanqui reçut de Buonarroti « la triple empreinte qui caractérise toute sa vie : la démocratie, le patriotisme et le communisme » (2).

Il n'est donc pas exagéré de dire que le socialisme français de l'époque de 1830 comme le socialisme chartiste émanent tous deux de Buonarroti et par Buonarroti de Robespierre.

*
* *

Jusqu'à son dernier jour, Buonarroti n'a cessé de prendre la défense du chef de la Montagne et de glorifier sa politique. Dans ses lettres intimes, Robespierre est pour lui « le grand homme » (3). Il signe « Maximilien », la lettre qu'il adresse au Comité lyonnais des Droits de l'Homme à la veille de l'insurrection de 1834. L'année même de sa mort, en 1837, il envoie à son jeune ami, le Saint-Simonien Genevoix, une notice où il réhabilite l'Incorruptible (4). La même année 1837, le journal *Le Radical* de Bruxelles publie par les soins des frères Delhasse des *Observations sur Maximilien Robespierre* dont l'auteur était Buonarroti (5). Avant de

(1) Louis Blanc, *Histoire de 10 ans*, tome IV, p. 194.

(2) *Histoire socialiste*, t. VIII, p. 172.

(3) Par exemple dans la lettre à Lemaire du 7 août 1830 publiée dans Paul Robiquet, p. 178.

(4) Voir la lettre de remerciements de Genevoix dans Paul Robiquet, p. 208.

(5) Ces *Observations* ne font sans doute qu'un seul et même écrit avec la notice envoyée à Genevoix. Elles ont été tirées à part (in-4° de 4 pages à 2 colonnes). Ernest Hamel les a utilisées dans son *Histoire de Robespierre*

s'éteindre, le vieux conspirateur donnait encore à Buchez et à Roux pour leur *Histoire parlementaire de la Révolution française* quelques détails sur le 9 thermidor (1).

L'admiration de Buonarroti n'a rien d'une admiration aveugle. Elle repose sur l'expérience. Elle donne ses raisons.

Buonarroti a connu personnellement Robespierre. Il séjourna à Paris à deux reprises, pendant la Terreur, une première fois au début de 1793, quand il était venu dénoncer Paoli et présenter à la Convention la demande d'annexion à la France des habitants de l'île Saint-Pierre; une deuxième fois, après son retour de sa mission à Lyon et dans le Midi, d'octobre 1793 à janvier 1794. Ces deux séjours coïncidèrent avec deux crises importantes, le premier avec les journées du 31 mai et du 2 juin qui donnèrent la victoire à la Montagne sur la Gironde, le deuxième avec la déchristianisation et les débuts de la campagne des hébertistes et des dantonistes contre le Comité de Salut public. Louis Blanc, qui était bien informé, nous dit que Buonarroti fréquenta la maison Duplay. Lebas, passionné de musique italienne, « se faisait entendre dans ces réunions intimes où Buonarroti tenait le piano » (2).

Buonarroti a donc eu la vision directe de Robespierre. Son jugement a la valeur d'un témoignage.

Bien placé pour recevoir les confidences du grand jacobin ou de ses proches ou tout au moins pour connaître ses intentions, il avait été à même aussi d'apprécier par expérience les méthodes d'administration de la Terreur, ayant été un des collaborateurs de ce gouvernement.

Au début de 1793, il fut nommé commissaire du Conseil

(t. III, p. 295, 710, 715). Elles manquent à la Bibliothèque nationale et je n'ai pu me les procurer.

(1) Cf. le tome 34 de l'*Histoire parlementaire*, p. 3 et 4. Ce tome 34 a paru en 1837.

(2) Louis Blanc, *Histoire de la Révolution*, édition en 2 volumes, t. II p. 379, 2e colonne. E. Hamel confirme le dire de Louis Blanc, t. III, p. 295. Buonarroti vécut à Genève de leçons de musique.

exécutif avec la mission d'éclairer le peuple Corse, de le ramener aux principes de l'Egalité, de « surveiller et dénoncer les malveillants et inspirer aux aristocrates la sainte terreur des lois ». Il ne put pas d'ailleurs accomplir sa mission. Après un séjour à Lyon où il fut un instant arrêté par les meurtriers de Chalier et en Provence où Riccrd et Saliceti l'employèrent à des tâches importantes à Toulon et à Marseille, il revint à Paris. Une nouvelle mission lui fut confiée en 1794. Il administra pendant dix mois, avec le titre d'agent national général et les pouvoirs les plus étendus, le cercle d'Oneille conquis sur le tyran de Sardaigne.

Englobé en l'an III dans la persécution dont furent victimes tous les anciens jacobins restés fidèles à l'idéal de l'an II et à la pensée de Robespierre, il fut destitué et enfermé dans la prison du Plessis d'où il ne sortit qu'après la journée du 13 vendémiaire. On sait qu'au Plessis il se lia avec les futurs organisateurs de la Conspiration des Egaux. Il y retrouva l'hôte de Robespierre, Duplay, qui lui raconta le 9 thermidor et ses causes.

On peut donc dire que par la voix de Buonarroti, c'est Robespierre et son parti qui lancent un suprême appel à la postérité. L'appel a été entendu par les socialistes de 1830. Pourquoi ne le serait-il plus par ceux de 1910?

*
* *

Je ne connais pas de résumé plus impressionnant et plus vrai de l'histoire de la Révolution que les cinquante premières pages qui servent d'introduction à la *Conspiration pour l'Egalité*. Buonarroti y expose avec une simplicité lucide admirable les raisons supérieures qui ont dirigé les événements. Avant que Karl Marx ait formulé la théorie de la lutte des classes, il va chercher dans l'antagonisme des groupes sociaux et dans le conflit des intérêts et aussi dans les éternelles passions humaines, l'explication dernière des crises multiples qui se sont succédées. Aucun historien, même Louis Blanc, n'a atteint à la précision et à la profondeur de ses raccourcis lumineux.

Il y avait, d'après lui, deux groupes parmi les révolutionnaires, ceux qui restaient attachés à l'opulence et aux distinctions et qui ne voulaient que succéder aux nobles et aux prêtres, autrement dit les partisans de *l'ordre d'égoïsme*, presque tous disciples de Voltaire et des encyclopédistes, et, d'autre part, ceux qui voulaient construire une société juste et fraternelle d'après les idées de Rousseau et de Mably, ceux qui plaidèrent pour tous les hommes sans distinction, ceux qui « plaçaient la prospérité de la société dans le bonheur de chacun de ses membres et sa force dans l'attachement aux lois », autrement dit les partisans de *l'ordre d'égalité*, les amis des travailleurs. Ces derniers eurent pour chef Robespierre. Ils combattirent sous la Constituante l'injuste distinction des citoyens actifs et des citoyens passifs, le veto royal, la loi martiale, ils proposèrent l'impôt progressif, ils s'opposèrent au rétablissement du roi après Varennes, dénoncèrent le complot aristocratique machiné par Brissot et Condorcet qui voulaient établir prématurément une république bourgeoise, ils combattirent la déclaration de guerre à l'Autriche, démasquèrent les trahisons de la Cour, les crimes des ministres, la marche tortueuse de la Gironde (1).

La chute de la royauté, qui fut leur œuvre, fit monter le peuple malgré les intrigues des Girondins. Ceux-ci se composaient en grande partie « d'avocats, de procureurs, de médecins, de banquiers, de riches marchands, de bourgeois opulents, d'hommes de lettres faisant de la science un trafic et un moyen de parvenir (2) ». Ils dédaignaient la masse du peuple et se croyaient faits pour le maîtriser. « Ils se prétendaient la partie saine de la nation et ajoutaient la souplesse et la jalousie aux vices des nobles qu'ils aspiraient à remplacer ». Ils haïssaient les auteurs de l'insurrection du

(1) *Conspiration pour l'Égalité dite de Babeuf*. Baudouin, 1830, t. I, p. 8-13.
(2) P. 19, note.

10 août, dénonçaient les amis du peuple comme des anarchistes, apeuraient contre eux les possédants, essayaient secrètement de rétablir la royauté et de sauver le roi, « trompaient le peuple en empruntant le langage du patriotisme (1) ».

Le 31 mai fit cesser leurs intrigues mortelles et donna la victoire aux Amis du peuple, mais une victoire précaire. Les difficultés intérieures et extérieures étaient trop formidables, le poids des préjugés trop lourd pour que ceux-ci pussent immédiatement réaliser tout leur idéal. Ils durent déguiser sous un voile leurs projets ultérieurs et procéder par étapes.

Buonarroti admire la Constitution de 1793, mais il ne l'admire pas sans réserves. Il regrette qu'elle consacre les vieilles et désespérantes idées sur le droit de propriété. Mais il se demande aussitôt : « Est-ce à une prudente circonspection commandée par l'attitude hostile des riches ameutés par les Girondins ? Est-ce à l'influence des égoïstes dans les délibérations de la Convention nationale qu'on doit attribuer les ménagements dont elle fit usage et *le voile sous lequel les députés amis de l'Égalité furent obligés de cacher leurs vues ultérieures* (2) ? ».

Combien de fois au cours de la Révolution les partis se sont menacés les uns et les autres de « déchirer le voile » ? Qu'à côté de la politique visible ils aient eu une politique occulte, que « le voile » ait réellement existé, la chose n'est pas douteuse. Buonarroti ne s'aventure pas quand il prête aux Montagnards une doctrine ésotérique.

Quelle était cette doctrine ? Elle repose sur cette constatation fondamentale que pour fonder une république il ne suffit pas de supprimer un roi et de substituer l'autorité de plusieurs à celle d'un seul (3).

La république n'est supérieure aux autres gouvernements que si l'intérêt général, le bien public y prédomine sur les

(1) P. 19, note.
(2) P. 32. C'est moi qui souligne.
(3) Buonarroti, p. 2.

égoïsmes. Quand la vertu fait défaut, avait dit Montesquieu, « la république est une dépouille et sa force n'est plus que le pouvoir de quelques citoyens et la licence de tous (1).

Pour Buonarroti, le problème que le Comité de Salut public avait à résoudre n'était pas seulement de repousser l'invasion, de faire vivre le peuple des villes et des quatorze armées, mais encore de préparer l'avènement de la véritable république, de celle qui est fondée sur l'égalité et la vertu. Tâche sublime pour laquelle la Terreur était nécessaire, la Terreur qui seule comprimerait, anéantirait les forces du passé et créerait les institutions capables de faire naître parmi les Français ignorants et égoïstes un esprit républicain, c'est-à-dire la capacité de se gouverner et le goût du dévouement à la patrie et aux lois. « Prétendre ramener à la justice et à l'égalité sans l'emploi de la rigueur, une nation dans laquelle il y a beaucoup d'hommes qui se sont fait des habitudes et des prétentions inconciliables avec le bien-être et les droits de tous, est un projet aussi chimérique que séduisant..... Ceux qui oppriment la terre sont-ils avares du sang du peuple souffrant, quand il s'indigne des maux qu'ils lui font endurer? Les révolutions sont les suites nécessaires des longues injustices; elles punissent en un instant les forfaits de plusieurs siècles (2)... »

Nécessaire, la Terreur était légitime, mais à une condition, c'est qu'elle fût mise toute entière au service de la justice. Autrement, elle eût été une intolérable tyrannie : « Dès que le gouvernement révolutionnaire fût passé entre les mains des égoïstes, il devint un véritable fléau public. Son action prompte et terrible, que la vertu de ses directeurs et leurs intentions toutes populaires pouvaient seuls rendre légitimes, ne fut plus qu'une affreuse tyrannie pour son objet et pour sa forme; elle démoralisa tout, elle rappela le luxe, les mœurs efféminées et le brigandage; elle dissipa le domaine

(1) Montesquieu, *Esprit des Lois*, III, 3.

(2) *Conspiration pour l'Égalité*, I, p. 50, note.

public, dénatura les principes de la révolution et livra aux poignards de ses ennemis tous ceux qui l'avaient défendue avec sincérité et désintéressement (1) ».

Avant le 9 thermidor, l'institution révolutionnaire n'avait pas encore dégénéré. Ses chefs se proposaient d'établir le règne de l'égalité; mais ils savaient que « la réforme des mœurs devait précéder la jouissance de la liberté (2). « Ils savaient enfin, et l'expérience n'a que trop justifié depuis leur manière de voir qu'établir sans ces préliminaires l'ordre constitutionnel des élections, c'est abandonner le pouvoir aux amis de tous les abus et perdre à jamais l'occasion d'assurer la félicité publique (3) ». Avec une singulière prescience de l'avenir des démocraties, Buonarroti dénonce l'hypocrisie foncière du libéralisme des institutions et des servitudes économiques : « Tant que les choses resteront comme elles sont, la forme politique la plus libre ne sera avantageuse qu'à ceux qui peuvent se passer de travailler. La masse des nations assujettie par le besoin à des travaux pénibles et continuels, ne pouvant ni s'instruire dans les affaires publiques, ni assister aux assemblées où elles se traitent, et dépendant des riches pour son existence, ceux-ci disposent seuls des délibérations que des gouvernements trompeurs ont adroitement l'air de demander au peuple. Est-il à présumer que ces honnêtes gens s'oublient? Que serait-ce s'il s'agissait de leur demander leur propre abaissement? (4) »

Le Comité de Salut public avait vu l'écueil où vont s'échouer fatalement les républiques fondées sur l'égoïsme. Il voulait amener les Français au point où ils pourraient vraiment jouir de leur constitution libre. A la réforme politique il donnait graduellement comme soubassement une réforme économique et une réforme morale. Il fut sur le point de réussir. L'humanité faillit lui devoir « une rédemp-

(1) *Conspiration pour l'Égalité*, I, p. 48.

(2) *Ibid.*, I, p. 33.

(3) *Ibid.*

(4) P. 34 note.

tion complète (1) ». Il faut entendre Buonarroti célébrer son œuvre : Il comprima les factions, il releva « l'espoir de la classe nombreuse des malheureux » par des mesures destinées à « encourager la vertu et à rétablir l'égalité », telles que l'établissement des greniers d'abondance, les taxes sur les riches, le maximum, le pain de l'égalité, les lois sur les accapareurs, sur l'assistance, sur le morcellement des biens nationaux, etc. Ainsi s'élaborait une constitution économique fondée sur l'Égalité. En fait « la communauté (nous dirions aujourd'hui le communisme) régnait alors parmi la généralité des Français (2) ». En effet la république disposait alors par les réquisitions de la plus grande partie des richesses nationales. Les subsistances et le commerce confiés à deux commissions administratives « formaient déjà deux grandes branches de l'administration publique (3) ».

Parallèlement, le Comité de Salut public poursuivait une réforme morale destinée à faire accepter son œuvre politique et son œuvre sociale. « Il sut inspirer à la grande majorité de la nation l'abnégation la plus sublime, le mépris des richesses, des plaisirs et de la mort et l'amener à *proclamer que tous les hommes ont un droit égal aux productions de la terre et de l'industrie* (4) ». Il débarrassa les cerveaux des antiques préjugés, détruisit les églises de servitude et mit à leur place une église de liberté, « un culte sublime qui confondant les lois de la patrie avec les préceptes de la divinité doublait les forces du législateur et lui donnait les moyens d'éteindre en peu de tems toutes les superstitions et de réaliser tous les prodiges de l'égalité (5). »

Nul plus que Robespierre ne s'est plus dévoué à l'affranchissement, à « la rédemption » du peuple français. Presque seul

(1) P. 34.
(2) P. 37.
(3) P. 41.
(4) P. 35.
(5) P. 40. Sur l'objet politique poursuivi par Robespierre par son rapport du 18 floréal, voir mon étude sur Robespierre et le culte de l'Être suprême, *Annales révolutionnaires*, t. III, p. 209-238.

avec Marat, il attaqua sous la Constituante les faux patriotes, dirigea le parti montagnard après le 10 août, s'éleva dans le procès du Roi « à la plus haute philosophie », prit la plus grande part à la coalition du 31 mai.

« Avant la chute de la faction girondine, Robespierre croyait que la Convention, dominée par elle, était dans l'impossibilité d'enfanter de bonnes lois ; il pensait d'ailleurs que, dans les circonstances critiques de ce temps-là, le premier soin des mandataires du peuple devait être d'anéantir les nombreux ennemis qui, au dedans et au dehors, menaçaient l'existence de la république ; mais, voyant que les Girondins étaient pressés de consacrer par la législation leurs principes aristocratiques, il opposa à leurs projets sa *Déclaration des droits*, dans laquelle ses intentions populaires paraissent à découvert. En rapprochant les doctrines politiques renfermées dans cet écrit et dans les discours que Robespierre prononça dans les derniers temps de sa vie, de la pureté de ses mœurs, de son dévouement, de son courage, de sa modestie et de son rare désintéressement, on est forcé de rendre un éclatant hommage à une si haute sagesse, et on ne peut que détester la perversité ou déplorer l'incompréhensible aveuglement de ceux qui ourdirent et consommèrent son assassinat (1) ».

Robespierre voulait l'avènement de la République de l'Égalité, autrement dit du socialisme. Buonarroti en donne plusieurs preuves. Sa déclaration des droits, dit-il, posait des limites au droit de propriété, instituait l'impôt progressif, réclamait « le concours de tous à la formation de la loi, l'extirpation de la misère, l'instruction assurée à tous les citoyens et le droit de résistance à l'oppression déterminé de manière à devenir un obstacle insurmontable à l'arbitraire des agens publics et à la tyrannie même des lois » (2).

Buonarroti invoque encore le rapport de Robespierre

(1) P. 25.
(2) P. 25, note.

du 18 pluviôse an II d'où il détache des phrases comme celles-ci : « Nous voulons un ordre de choses où toutes les passions basses et cruelles soient enchaînées, toutes les passions bienfaisantes et généreuses éveillées par les lois, où l'ambition soit le désir de mériter la gloire et de servir la patrie; où les distinctions ne naissent que de l'égalité même ; où le citoyen soit soumis au magistrat, le magistrat au peuple et le peuple à la justice ; où la *patrie assure le bien-être de chaque individu* et où chaque individu jouisse avec orgueil de la prospérité et de la gloire de la patrie, où toutes les âmes s'agrandissent par la communication continuelle des sentimens républicains et par le besoin de mériter l'estime d'un grand peuple, où les arts soient les décorations de la liberté qui les ennoblit, le *commerce, la source de la richesse publique* et non seulement de l'opulence monstrueuse de quelques maisons, etc. » (1). Buonarroti cite encore les discours de Saint-Just des 8, 13, 23 ventôse an II, le discours de Robespierre du 7 prairial. Il aurait pu en citer d'autres.

Les diverses lois révolutionnaires n'étaient donc pas uniquement inspirées par les nécessités du moment. Ce n'étaient pas de purs expédients, dans la pensée des Robespierristes, mais des mesures préparatoires à l'avènement du système de l'Égalité. « La confiscation des biens des contre-révolutionnaires n'était pas une mesure finale mais le vaste plan d'un réformateur » (2). « Encore un jour, s'écrie-t-il douloureusement, et le bonheur et la liberté étaient assurés par les institutions qu'ils [Robespierre et ses amis] ne cessèrent de demander » (3).

Mais les factions se jetèrent à la traverse, celle des Hébertistes et celle des Dantonistes.

Les Hébertistes furent les moins criminels. C'étaient « des hommes laborieux, droits, fermes, courageux, peu studieux,

(1) P. 37, note.
(2) P. 40.
(3) P. 41.

étrangers aux théories politiques, aimant la liberté par sentiment, enthousiastes de l'égalité et impatiens d'en jouir ». Leurs intentions étaient pures. Mais ils manquaient de maturité politique. « Plus disposés à trancher les difficultés par des coups de mains qu'à peser mûrement l'utilité et les conséquences d'une crise politique, ils avaient en vue le même résultat auquel tendaient les amis sages de l'Égalité ; mais ils ne se formaient pas, comme ceux-ci, une idée bien nette ni des institutions par lesquelles on pouvait l'obtenir ni de la route par laquelle il fallait y arriver ». Des hommes influents les trompèrent, les poussèrent à réclamer la fin du gouvernement révolutionnaire et l'établissement prématuré de la Constitution : « Bons citoyens dans une république populaire assise, mauvais pilotes dans les tempêtes qui en précèdent l'établissement, il ne fut pas difficile de les indisposer contre la prolongation de l'institution révolutionnaire, en la leur peignant comme une coupable atteinte portée à la souveraineté du peuple. On n'eut pas non plus beaucoup de peine à leur persuader que, pour tarir à jamais la source des superstitions et du pouvoir des prêtres, il fallait proscrire toutes les idées religieuses » (1). Bref, ils furent des instruments entre les mains d'intrigants beaucoup moins bien intentionnés.

« Les Dantonistes n'ont pas droit à la même indulgence, parce que le caractère prédominant de cette faction était un mélange de vanité, d'intrigue, d'audace, de fausseté, de vénalité et de corruption. Ceux qu'elle reconnut pour ses chefs professaient publiquement les maximes les plus opposées à la pureté des mœurs, sur laquelle le gouvernement français de cette époque entendait asseoir la république. Serviles imitateurs du débordement qui distinguait avant la révolution la cour et les classes privilégiées, ils combattirent les grands d'autrefois pour se mettre à leur place, et s'élevèrent contre la religion, non pour affranchir les hommes du joug des pré-

(1) P. 42, note.

jugés et de la superstition, non pour enlever à la tyrannie son auxiliaire le plus redoutable, mais pour se débarrasser de l'idée d'un juge incommode, pour se livrer plus tranquillement à la fougue de leurs basses passions et pour effacer de l'esprit humain les idées consolatrices de justice, de probité et de vertu. Les Dantonistes considéraient la révolution comme un jeu de hasard dans lequel la victoire demeure au plus rusé et au plus fripon ; ils souriaient de pitié aux mots de désintéressement, de vertu, d'égalité et prétendaient ouvertement qu'aux révolutionnaires devaient, au bout du compte, appartenir tous les avantages de fortune et de puissance dont avaient joui les nobles de l'ancien régime. Aussi beaucoup de ceux qui grossissaient leurs rangs n'ont-ils pas craint depuis d'emprunter les couleurs les plus opposées, de flatter toutes les tyrannies et de se livrer aux plus abjectes menées pour acquérir la fortune et retenir une ombre de pouvoir. De dangereuses machinations furent ourdies par les meneurs de ces factions, et ce ne fut pas sans de graves raisons que le gouvernement révolutionnaire les accusa d'agir de concert avec les cabinets étrangers ligués contre la république française » (1).

Le jugement de Buonarroti sur les Dantonistes est très remarquable. Je crois qu'il renferme une grande part de vérité. Les amis de Danton furent trop souvent des gens douteux, des gens tarés. Lui-même n'est peut-être pas à l'abri de tout soupçon.

En tout cas, le jugement est à retenir, car il explique pourquoi Robespierre consentit à abandonner Danton. Il fut convaincu comme Buonarroti que la faction dantoniste non seulement se confondait avec les *pourris*, avec les parlementaires agioteurs, mais encore qu'elle n'était qu'une branche de la faction de l'étranger, qu'elle renfermait dans son sein des agents stipendiés des puissances.

Le 9 thermidor fut la coalition de la peur, de l'égoïsme et

(1) P. 42, note.

de la corruption. Ses instigateurs furent des proconsuls indélicats que Robespierre avait fait rappeler pour mettre un terme à leurs malversations : « Effrayés par le supplice des conspirateurs [hébertistes et dantonistes] et par les maximes austères du gouvernement, ils alarmèrent aisément leurs pareils et ranimèrent par leurs clameurs la confiance et l'audace des ennemis de l'égalité ». Ils accusèrent Robespierre de tyrannie ! Tyrannie ! Il faut entendre avec quelle éloquence méprisante, quelle argumentation victorieuse Buonarroti répond à la calomnie : « Les vues secrètes de ses proscripteurs étaient déguisées sous l'imputation vague de tyrannie. Mais un tyran sans trésors, sans soldats, sans autres amis que les ennemis des tyrans, un tyran qui, loin de flatter bassement la multitude en secondant ses caprices, eut souvent le courage de la détourner, au risque de lui déplaire, des plans séducteurs que d'autres lui présentaient, n'est-il pas un être de raison ? C'est, disait-on, le tyran de l'opinion... oh ! pour le coup, le procès est jugé... La tyrannie de Robespierre ne fut pas autre chose que le pouvoir de ses sages conseils et l'influence de sa vertu... Il fut le tyran des méchans.

« Et comment prouvâtes-vous sa tyrannie, vous qui, après sa mort, ne sûtes que vous entre-déchirer et nous perdre ? Tandis que les uns l'accusaient d'avoir immolé Danton, d'autres lui reprochaient d'avoir voulu le sauver ; ceux qui, la veille encore, l'appelaient le Caton de la France, ou le comparaient à Orphée civilisant les peuples sauvages (1), dressent son acte d'accusation ; ici on lui impute les fautes de quelques députés en mission, là on se plaint des poursuites qu'il veut diriger contre eux. Vous le disiez riche à plusieurs millions, et la France l'appelle encore l'*Incorruptible*, et il est bien connu que la vente de tout ce qu'on lui trouva, ne produisit pas au-delà de 460 livres en numéraire.

(1) Boissy d'Anglas dans son *Essai sur les fêtes nationales*, paru au lendemain de la fête de l'Être suprême.

Vous le disiez dépourvu de connaissances et de jugements, tout en prétendant qu'il vous avait soumis pendant quinze mois à sa domination. Tandis que vous l'appeliez cruel, d'autres lui reprochaient d'avoir prolongé les jours des soixante-treize girondins détenus. Vous parlez encore de sa farouche ambition, mais vous ne dites pas à l'Univers abusé par vos récits mensongers que, sans ses trop héroïques conseils, les magistrats de Paris, à la tête de la majorité des sections et des canonniers, vous eussent infligé la correction que vous méritiez. Semblables à des écoliers ameutés contre leur maître, vous l'injuriez sur son lit de mort, et vous souffriez qu'on envenimât à coups de canif ses blessures saignantes » (1).

La page est belle et mériterait d'être mieux connue. Buonarroti ajoute que pour tromper le peuple de Paris, les thermidoriens durent recourir aux mensonges les plus abjects. Ils racontèrent aux ouvriers du faubourg Antoine que Robespierre voulait délivrer le dauphin et qu'on avait trouvé sur le bureau de la Maison Commune où se tenaient ses partisans un sceau neuf avec l'empreinte d'une fleur de lys !

Un juste, victime des complots des méchants, un des plus grands réformateurs qu'ait connus l'humanité, l'ancêtre légitime du communisme, tel apparaît Robespierre dans l'introduction que Buonarroti a mise en tête de *La Conspiration pour l'Égalité*, tel il apparaît aussi, avec des précisions nouvelles, dans les notes inédites qu'on va lire plus loin (2).

Ces notes conservées dans ses papiers à la Bibliothèque nationale forment une dizaine de feuillets écrits au recto et au verso avec de nombreuses additions en marge, toutes de la même main et de la même encre, sans beaucoup de ratures.

(1) Page 45, note.

(2) M. P. Robiquet s'est borné à donner quelques extraits de ces notes en y joignant quelques commentaires tendancieux ou insignifiants. Voir son livre, p. 312 à 318.

Quand Buonarroti a-t-il noirci ces feuillets? Dans quel but? Il est difficile de le dire. On peut seulement hasarder une conjecture.

Il semble que ces notes aient été comme une première ébauche plus développée d'une partie de l'introduction par laquelle s'ouvre la *Conspiration pour l'Égalité*. Les idées essentielles s'y retrouvent et les mêmes arguments. Mais les *Notes* entrent dans des détails circonstanciés, donnent des noms, racontent des anecdotes, des conversations qui ont disparu de l'introduction.

Il serait très intéressant de les comparer avec les *Observations* que publiaient les frères Delhasse en 1837. Malheureusement je n'ai pu retrouver cette brochure.

Ajoutons que les Notes débutent *ex abrupto*, sans préparation, et qu'elles se terminent par des mots sans suite qui semblent être des amorces d'idées à développer. Elles ont en somme l'aspect d'un brouillon. On y saisit le premier jet de la pensée de l'auteur.

Robespierre jugea que la Convention nationale feroit droit à ses réclamations et qu'il y auroit dans son sein une majorité capable de reconnoitre la pureté de ses intentions.

En effet, on est forcé de convenir que telle étoit son opinion lorsqu'on considère qu'étant soutenu par les Jacobins, par la Commune, par l'Etat-Major de la Garde nationale de Paris et par le camp de la plaine des Sablons, il eût pu facilement parer le coup sous lequel il succomba s'il avoit voulu prendre des mesures par lesquelles il lui eût été aisé de le prévenir. Non seulement il ne le fit pas, non seulement il ne conspira pas, comme on l'en a faussement accusé, mais le matin même du 9 thermidor, il se reposait entièrement sur la justice de sa cause et sur la droiture de la majorité de la Convention. En sortant de chez lui pour se rendre à l'Assemblée, il répondit à son hôte qui l'engageait à se tenir sur ses gardes qu'il n'avoit rien à craindre puisqu'il y avoit beaucoup de vertu dans la représentation nationale (1).

(1) Buchez et Roux connaissaient déjà cette tradition. Ils la tenaient, disent-ils, de Buonarroti qui l'avait recueillie de la bouche de Duplay dans les pri-

Cependant, à la séance du 8, on put remarquer une grande ncertitude dans l'esprit des députés. Robespierre se plaignit amèrement des comités de Salut public et de Sûreté générale et d'une faction immorale et conspiratrice dont il ne désigna pas les membres.

Ce discours fut d'abord applaudi et l'impression en fut ordonnée. Mais bientôt la Convention revint sur sa délibération et renvoya le discours de Robespierre à l'examen des comités qu'il avait dénoncés.

Dans la nuit du 8 au 9 thermidor, tous les conspirateurs contre Robespierre se concertèrent et se distribuèrent les rôles qu'ils avoient à jouer. Robespierre ne prit aucune mesure et se fia à sa bonne foi.

Ce qui prouve mieux que toute autre chose qu'il n'y eut de la part de Robespierre et de ses amis aucun complot contre la Convention, c'est le discours commencé le 9 par Saint-Just. Cet orateur soumettoit toute la querelle au jugement de l'Assemblée, il n'attendoit que de ses résolutions le redressement des griefs dont il se plaignoit et le salut de la République.

Robespierre avoit tenu la veille à peu près le même langage. A la vérité, il avoit dénoncé une coalition criminelle qui conspiroit au sein de la Convention nationale et il avoit demandé la punition des traitres. Ce fut cette dénonciation qui effraya les vrais conspirateurs. Ils prétendirent qu'invoquer contre eux la justice c'étoit conspirer contre la Convention et contre la République.

Ces conspirateurs dénoncés par Robespierre surent mettre en jeu les passions d'un grand nombre de leurs collègues et faire de ceux-ci leurs auxiliaires dans la violence qu'ils méditoient.

Quels étoient ces conspirateurs et ces auxiliaires et comment les uns et les autres parvinrent-ils à combiner leurs forces et à opérer de concert la catastrophe de thermidor? (1)

sons. Mais ils ne l'acceptent pas : « Il nous semble que ce langage n'est guère d'accord avec le sentiment de détresse dont sont empreintes les phrases que Robespierre aurait prononcées, selon quelques historiens, après la lecture de son discours à la tribune des Jacobins. » (*Hist. parlem. de la Rev. fr.*, tome XXXIV, p. 4.)

(1) Buonarroti donne en marge la liste suivante : Syeies, Garnier de l'Aube, Reubell, Thirion, Merlin de Thionville, Panis, Barras, Thuriot, Cambon, Freron, Bentabolle, Leonard Bourdon, Rovere, Lindet, Merlin de Douai, Brival,

Il faut d'abord se souvenir que les royalistes et les Girondins avoient été vivement combattus par Robespierre, qu'ils considéroient comme le chef du parti de l'égalité par eux qualifié de faction anarchique. Ces gens-là, formant au moins la moitié de la Convention nationale, avoient été comprimés par l'insurrection du 31 mai, s'étoient condamnés depuis cette époque à une inaction hostile et aspiroient secrettement à se venger. Ils en saisirent avidement l'occasion quand ils virent presque toute l'autre partie de l'Assemblée soulevée contre Robespierre. On ne peut douter que l'animosité et la haine de la Démocratie ne fussent les véritables causes de leur coopération aux événemens de cette journée. Dès qu'ils n'eurent plus peur de la Montagne ils se prononcèrent avec une masse de voix capable à elle seule de faire pencher la balance de leur côté. C'était le poids du royalisme et de l'aristocratie nobiliaire et bourgeoise.

Cette section subit l'impulsion, mais ne la donna pas. Pour bien comprendre comment se forma et éclata à la Montagne l'orage du 9 thermidor, il faut connoître à fond les élémens dont elle se composoit et les motifs qui la firent agir. Remontons au tems qui précéda la Révolution. La France asservie étoit comprimée par la noblesse d'épée et de robe et par les opinions religieuses propagées et soutenues par un clergé nombreux et puissant. Dans cette compression générale quelques penchans vicieux et les sentimens élevés étoient également réprimés et étouffés. Lorsque la pression se relâcha, les uns et les autres prirent l'essor et l'on vit paroître dans la même arène les hommes sages qu'animoit l'amour de l'humanité et de la Patrie et les hommes vils qui couvroient leurs basses passions du vernis de la philosophie.

Les premiers combattirent la superstition et les prêtres pour détruire le prestige qui courboit le peuple sous le joug de ses tirans; les seconds se déchainèrent contre toute idée religieuse

Poultier, Echasseriaux, Charlier, Bourdon de l'Oise, Dubarran, Tallien, Goupilleau, Féraud, Legendre, Delmas, Lacoste, Guffroy, Lecointre de Versailles, Fouché, André Dumont, Courtois, Clausel, Dubois-Crancé, Ruamps, Vadier, Amar, Jagot, Carnot, Billaud, Collot, Barrere, Vouland, Charles Duval, Bayle, Granet, Montaut. La même liste, avec de simples différences dans l'ordre des noms et dans leur orthographe, se retrouve dans B. Hauréau, *La Montagne*, p. 256, note 9. *La Montagne* parut en 1834. Il est donc probable qu'à cette date la liste de Buonarroti circulait déjà parmi ses amis.

pour assouvir leurs passions et pour justifier leur immoralité. Ceux-là proscrivirent les distinctions et le pouvoir héréditaire pour ramener le Peuple à l'égalité et à la vertu; ceux-ci combattirent les grands pour se mettre à leur place. Ceux-là s'efforcèrent d'abolir les grandes fortunes et les grandes richesses pour faire disparaître la misère et les souffrances; ceux-ci s'élevèrent contre les riches pour les remplacer.

Ces deux espèces d'hommes parurent au commencement de la Révolution au milieu du Peuple et furent par lui portés à la Convention à cause de la chaleur avec laquelle les uns et les autres s'élevèrent contre les abus et contre l'oppression.

Parmi les membres de la Convention qui y étoient arrivés avec des vues intéressées et non populaires tous n'étoient pas vicieux de la même manière, les uns voulaient triompher par les sophismes et par la politesse, ils se firent girondins; les autres qui prétendoient l'emporter par l'impétuosité et par la grossièreté devinrent Montagnards.

Dix mois avant le 9 thermidor ceux qui avoient observé attentivement cette assemblée n'y comptoient pas plus de cinquante hommes vraiment justes et amis de l'égalité (1).

(1) On lit en marge :
« Membres de la Convention accusés de concussion :
« Perrein de l'Aude, condamné aux travaux forcés;
« Clausel, accusé du même crime, sauvé par Barrère;
« Danton, La Croix, volèrent en Belgique, leurs malles pleines d'argenterie « furent saisies à la frontière;
« Courtois, vola à l'armée;
« Reubell, Merlin de Thionville, enlevèrent à Mayence de l'argenterie et du « vermeil appartenant à la République; leurs malles furent saisies par le « Comité de Sûreté générale;
« Rovère, Poultier, furent accusés d'avoir simulé un vol considérable d'assi- « gnats appartenant à la Nation;
« Barras, Ricord, Freron, enlevèrent de Toulon plusieurs fourgons chargés « d'objets précieux;
« Julien de Toulouse, Fabre d'Eglantine, Chabot, Bazire, reçurent chacun « 100,000 francs pour avoir falsifié un décret de la Convention nationale;
« Sieyes reçut du Consul 300,000 francs pour avoir trahi la République;
« Thibaudau recevoit d'Hambourg et fesoit passer à son beau-père la cor- « respondance du fils de celui-ci qui distribuoit aux émigrés l'argent que son « père lui envoyoit. » La même liste, dont on a retranché Thibaudeau, alors encore en vie, figure dans *La Montagne* d'Hauréau, p. 255. Hauréau précise,

Il importe de bien comprendre le rôle que les idées irreligieuses ont joué dans les troubles de la Convention.

Au XVIIIe siècle, la divinité de la révélation fut publiquement combattue. Tous les dogmes positifs furent rangés au nombre des fables. A la fin on en vint à professer l'athéisme qui eut ses orateurs parmi les savans, à la cour et même parmi les prêtres.

Cependant quelques philosophes firent tête à l'orage et se prononcèrent pour le déisme. Rousseau fut du nombre. Il démontra que les idées de Dieu et de l'immortalité de l'âme sont les fermes appuis de la morale, de la justice, de la liberté et de la Loi.

Ceux qui étoient capables de porter sur ces graves questions un jugement fondé étoient en petit nombre. Néanmoins le nombre de ceux qui se prononcèrent pour l'athéisme fut fort grand, peu par conviction, quelques-uns par vanité et pour afficher une science supérieure à celle du clergé et des magistrats, la foule pour se débarrasser du frein que la religion impose aux passions.

Il n'est donné qu'à un petit nombre d'hommes éminemment vertueux de prescrire à leurs actions et de suivre la règle la plus conforme à l'intérêt de la Société.

Pour les autres, dès que la sanction divine s'efface de leur esprit, il ne leur reste plus d'autre guide que l'intérêt purement personnel.

Les lois auront beau être sincères, l'éducation aura beau être soignée, il restera toujours un grand nombre de cas où l'homme ne pourra être porté aux sacrifices et au dévouement que par une rare vertu ou par la pensée d'un juge secret et omniscient et d'une vie à venir.

J'ai dit une rare vertu, et ce n'est pas sans raison. Cette vertu consiste à s'immoler tout entier pour le bonheur des autres sans aucune perspective du bien personnel, sans autre jouissance que celle qui résulte de la contemplation de la félicité immédiate ou éloignée de nos assemblées. C'est le sacrifice complet de nos affections, de nos sensations et de nos intérêts qui, dans la perfection, ne peut être le partage que d'un petit nombre d'âmes d'une trempe extraordinaire.

le vol attribué à Courtois par Buonarroti : « Courtois, de concert avec Danton, son parent, fit un marché de bœufs avec le Comité de salut public, et toucha, dit-on, de l'argent, sans remplir toutes les conventions. »

Pour toutes les autres, si vous leur enlevez la crainte ou l'espérance d'une autre vie, il ne leur restera d'autre mobile de leurs actions que l'amour du plaisir et la crainte de la douleur. Elles ne seront capables ni des élans du dévouement, ni des mouvemens qu'inspire la passion de la vraie gloire. Ce seront des ames uniquement occupées d'elles-mêmes, cherchant à tirer parti de tout et envisageant en toute circonstance le profit qui peut leur en revenir. Le mépris des idées religieuses étoit le caractère distinctif des hommes qui favorisèrent avec connoissance de cause les premiers étincelemens de la révolution. Depuis ce mépris s'est tellement confondu avec les principes politiques qu'il n'est pas rare de rencontrer des hommes qui rangent parmi les ennemis de la liberté quiconque croit en Dieu (1).

Telle fut aussi l'opinion dominante parmi les membres de la Convention Nationale soit Girondins, soit Montagnards. Chez un grand nombre de ceux-ci, cette opinion se trouvoit réunie à cette immoralité dont j'ai dit un mot et il s'en suivit que la plupart de ceux qui la partageoient pour empêcher l'établissement de l'égalité qu'ils haïssoient, ou pour écarter la vertu qui les contrarioit, ou pour servir les puissances qui les payoient, étoient incapables de vues généreuses et d'efforts soutenus.

Cette immoralité fut le caractère distinctif des hommes, Conventionnels ou non, dans lesquels on vit *une faction d'Orléans* et c'est leur grande dépravation qui a fait croire que celui-ci les soldoit afin qu'ils lui frayassent le chemin du trône.

L'immoralité dont je parle se compose de mauvaise foi, d'intempérance, de vanité, d'avarice, d'aversion pour la vertu, de l'habitude de ne juger du mérite des actions que par les succès et de ne connoître dans ses déterminations d'autre mobile que le profit qui peut en résulter.

Si vous retranchez de la Convention ce qui formoit le parti de la Gironde et ce qui joignoit l'immoralité à la fougue révolutionnaire, il ne reste qu'un petit nombre de sages, vrais amis de l'égalité, non moins ennemis de la morgue des aristocrates que de la dépravation de ceux qui visoient à les remplacer.

(1) Ce jugement de Buonarroti reste toujours vrai. Robespierre n'est si mal jugé par certains historiens anticléricaux contemporains que parce qu'il admettait la nécessité sociale de la croyance en Dieu. Ces historiens lui pardonneraient la Terreur, ils ne lui pardonnent pas l'Être Suprême.

De ce nombre fut Robespierre qui combattit également les royalistes, l'aristocratie nobiliaire et bourgeoise, les athées et les hommes dissolus et avides d'argent et de pouvoir. Tous virent en lui un ennemi, un tiran, et quoiqu'il y eut entre eux une haine qui ne tarda pas à éclater, ils joignirent au 9 thermidor leurs efforts pour se venger et pour se soustraire à la justice dont ils se sentaient menacés.

Afin de conserver à la Convention, centre unique de tous les pouvoirs, la puissance d'opinion qui lui étoit nécessaire pour accomplir sa haute mission, il falloit qu'elle prêchât de doctrine et d'exemple, il falloit que sa morale fût pure et qu'avant d'en imposer les devoirs au dehors, elle forçât tous ses membres à s'y soumettre (1).

C'est là ce que voulut Robespierre et que parut vouloir le Comité de Salut public. Et tel fut le but de ce fameux décret qui consacra l'existence de l'Être Suprême et l'immortalité de l'âme, confirma la liberté des cultes et institua les fêtes nationales.

Tel fut aussi le motif des décrets lancés contre les prédicateurs de l'athéisme et contre les députés qui s'étoient deshonorés par des actions infâmes. Ce retour aux idées religieuses dictées par le simple bon sens et cette guerre déclarée à l'immoralité effrayèrent les hommes plus enclins à la licence qu'à la liberté, ceux qui ne demandoient pas franchement l'égalité, ceux dont le patriotisme n'avoit d'autre appui que l'irreligion et ceux qui avoient grossi leur patrimoine par l'abus des pouvoirs qu'ils avoient exercés. Le décret qui mit la vertu et la probité à l'ordre du jour fut pour eux un coup de foudre. La conscience de leurs fautes et leur aversion pour la pureté des principes dans lesquels on voulait édifier la République les rendit craintifs, ils se crurent perdus, ils en devinrent furieux, ils appelerent tirannie ce qui alloit assurer la liberté, ils conspirèrent la perte de Robespierre et de ceux qui partageoient sa manière de voir.

(1) Autrement dit, le décret du 18 floréal, qui instituait les fêtes nationales avait la valeur d'un désaveu des excès des proconsuls et d'un avertissement pour ceux qui seraient tentés de les imiter. Cette interprétation est intéressante si on se souvient que Robespierre avait vu dans la déchristianisation violente une manœuvre des pourris et des agents de l'étranger. Voir mon étude sur *Robespierre et la déchristianisation* (*Annales Révolutionnaires*, t. II, p. 321-355, p. 513-540).

Les deux Comités de Salut public et de Sûreté générale n'étoient pas composés d'élémens homogènes. Je crois que tous leurs membres avoient applaudi à la Révolution et qu'ils aspiroient à un gouvernement républicain. On n'a reproché à aucun d'eux d'avoir trafiqué de l'autorité. S'ils ont fait du mal, c'est par ignorance, par foiblesse, par jalousie ou par défaut de bons principes.

La peur et l'immoralité divisèrent les membres de ces Comités. Au comité de salut public tous ne partageoient pas les doctrines de Robespierre et plusieurs voyoient avec jalousie l'ascendant que sa vertu lui donnoit sur le peuple.

Plusieurs de ses membres tels que Barrère, Collot, Billaud et Carnot, mirent des entraves à l'action révolutionnaire. Après avoir frappé Danton et quelques-uns de ses amis, ils refusèrent de sévir contre une vingtaine de factieux et de prévaricateurs qui s'opposoient dans la Convention nationale à la régénération publique et vouloient venger la mort de leurs chefs dans le sang de ceux qui les avoient dénoncés. Ceux contre qui étoient dirigées les plaintes de Robespierre secondé par Saint-Just et par Couthon en furent prévenus. Syeiés (*sic*) en fut averti par Barrère. Ce furent ces coupables indiscrétions qui exaltèrent la fureur de ceux qui se sentirent menacés et qui mirent tout en œuvre pour renverser la forme du gouvernement. Barrère a à se faire ce reproche d'autant plus grave qu'il connoissoit les crimes de ceux qu'il voulut servir et qui depuis l'ont payé de la plus noire ingratitude.

J'ai entendu plusieurs fois Vadier reprocher au Comité de Salut public et surtout à Robespierre d'avoir empiété sur l'autorité du Comité de Sûreté générale (1).

(1) Cette accusation d'empiètement faite par le Comité de Sûreté générale à celui de Salut public est une preuve de la petitesse d'esprit des membres du premier.

Le Comité de Salut public étoit chargé de la pensée du gouvernement tandis que celui de Sûreté générale n'avoit d'autre fonction que celle de surveiller la conduite des personnes et de les empêcher de nuire et d'entraver.

N'est-il pas clair que par la nature de leurs fonctions le second étoit subordonné au premier?

N'est-il pas évident qu'il devoit y avoir des cas où le Comité de Salut public pouvoit seul juger des obstacles qu'il rencontroit dans l'exécution de ses vues et des personnes dont il falloit s'assurer pour les écarter?

(Note de Buonarroti, en marge du folio 57).

Ing[rand] m'a dit que Vadier étoit fort enclin à élever des conflits, très jaloux de l'autorité et plus porté à aigrir les esprits qu'à les concilier (1).

Dernièrement j'ai eu une nouvelle preuve de l'extrême irritabilité de Vadier à l'égard de Robespierre. On parloit de d'Or-

(1) Ingrand qui n'eut aucune part aux événemens du 9 thermidor parce qu'il étoit en mission m'a raconté que s'étant rendu au mois de messidor auprès du Comité de Salut public, Billaud les prévint qu'il se passoit des choses graves et l'engagea à parler à Ruamps. Ingrand trouva celui-ci entouré de plusieurs montagnards parmi lesquels il y avait Maribon-Montaut. Là il entendit les reproches de tirannie qu'on fesoit à Robespierre ; on se plaignoit de l'influence qu'il exerçoit aux Jacobins et à la Convention. On l'accusait d'avoir fait périr des Députés patriotes (Danton, Lacroix, etc.) et on prétendoit que tous les Montagnards étoient menacés du même sort. Ces hommes-là étoient effrayés et furieux. Ingrand chercha en vain à les calmer. Il leur dit que Robespierre ne devoit l'influence dont il jouissoit qu'à la sagesse de ses conseils, que Barrère a dit que Robespierre ayant demandé au Comité de Salut public l'accusation d'une vingtaine de députés qui par leurs vices et par leurs intrigues entravoient la marche de la Convention, le Comité consentit à l'égard de quelques-uns, mais se refusa à l'égard de quelques autres parmi lesquels il y avoit Vadier.

Vadier fesoit alors tous ses efforts pour appeler le ridicule sur le Décret qui reconnoissoit l'existence de l'Être suprême et prétendoit que Robespierre vouloit s'élever au trône à l'aide du fanatisme religieux.

Celui qui prévint Sieyes n'a-t-il pas averti aussi Vadier? Je n'ai pas de preuve positive de ce fait; cependant l'étroite amitié qui règne entre lui et Barrère et la persuasion dans laquelle sont Vadier et sa femme que si Robespierre eût triomphé, celui-ci eût perdu la vie le rendent à mes yeux infiniment probable (Note de Buonarroti en marge du folio 57, verso).

L'anecdote était connue de Louis Blanc qui la raconte ainsi plus sommairement : « Un député en mission Ingrand, étant venu un instant à Paris, Billaud-Varenne lui dit : « Il se passe ici des choses très importantes ; va trouver Ruamps, qui t'informera de tout », Ingrand court chez Ruamps, qui lui fait part du complot. Lui, recula, saisi de stupeur, et s'écria : « Si on l'attaque, la République est perdue. » (Louis Blanc, *Histoire de la Révolution*, Paris, s. d. docks de la librairie, t. II, p. 531, col. 1). L. Blanc avait dû emprunter ce récit à l'*Histoire parlementaire* de Buchez et Roux, car. E. Hamel, qui le reproduit, le fait suivre de cette note : « Ces détails ont été fournis aux auteurs de l'*Histoire parlementaire* par Buonarroti qui les tenait d'Ingrand lui-même. Membre du conseil des Anciens jusqu'en 1797, Ingrand entra vers cette époque dans l'administration forestière et cessa de s'occuper de politique. Proscrit en 1816, comme régicide, il se retira à Bruxelles, y vécut pauvre, souffrant stoïquement comme un vieux républicain, et revint mourir en France, après la Révolution de 1830, fidèle aux convictions de sa jeunesse », E. Hamel, III, p. 688, note.

léans-Égalité et il fesoit l'éloge de son caractère et de son patriotisme? — Pourquoi donc, lui dis-je, le mîtes-vous en accusation? — Ce fut une intrigue et je sais de qui. — Il fut mis en accusation sur le rapport du comité de sûreté générale. — Ce n'est pas vrai; ce fut Robespierre qui intrigua à Marseille; il vouloit enlever au comité de sûreté générale son autorité. Ce comité ignoroit les mesures prises contre d'Orléans et quand on le conduisit au supplice, ignoroit qu'il fût traduit au tribunal. — J'ai le rapport d'Amar et le décret. — C'est indigne, tu défends Robespierre à nos dépens; il ne faut pas toucher cette corde, et de s'échauffer et de me dire des injures. Par égard pour son grand âge, je me suis retiré.

Le décret qui proclama l'existence de la Divinité avoit blessé l'amour-propre de ces hommes frivoles, dont tout le patriotisme consistoit à se moquer de toutes les idées religieuses sans faire aucune distinction entre celles que la raison avoue et celles qui doivent leur origine à l'erreur et à l'imposture. Au nombre de ceux-ci étoit Vadier que la Convention avoit placé dans le Comité de sûreté générale dont il étoit le Président.

Ce Comité partageoit avec celui du Salut public les fonctions du Gouvernement. Chargé de la haute police et investi du droit d'arrêter et d'élargir, il exerçoit une influence d'autant plus grande qu'il étoit souvent appelé à délibérer avec l'autre Comité.

Si on en excepte David, les autres membres du Comité de Sûreté générale paroissent avoir été peu propres à concevoir et seconder les grandes vues de Robespierre; ils étaient jaloux de sa popularité; ils rivalisoient d'autorité avec le Comité de Salut public et quand ils poursuivoient des députés prévaricateurs, ils ne voyoient ou ne feignoient de voir dans leurs crimes que des actes de bassesse et de cupidité et ne savoient pas appercevoir cette conspiration qui tendoit à empêcher l'établissement de l'égalité par la corruption et par l'immoralité.

Ceux qui redoutoient la sincérité du gouvernement révolutionnaire profitèrent adroitement des dispositions du Comité de Sûreté générale pour le pousser à contrarier les vues de l'autre Comité et surtout celles de Robespierre et de ses amis. Le décret sur la divinité leur en fournit l'occasion.

Aux uns ce décret fut présenté comme l'avant-coureur d'un nouveau fanatisme religieux, aux autres comme une preuve de l'ambition de Robespierre qui, disoient-ils, s'en est déclaré le grand Pontife (1).

Vadier se fit l'organe de ces iniquités et pour prouver à la France que le décret ci-dessus avoit rallumé l'audace des fanatiques, il se chargea de rendre compte à la Convention nationale de quelques ridicules simagrées d'une vieille folle qu'il peignit sous les couleurs d'une dangereuse conspiration afin que la véritable conspiration contre la vertu et contre la République fût perdue de vue et regardée comme une chimère et afin que nulle confiance ne fût plus ajoutée aux doctrines et aux conseils de Robespierre (2).

Barrere et Vadier se mirent dès lors en opposition avec le sistème politique que Robespierre avoit conseillé et auquel la République dut alors ses triomphes. C'est de cette opposition que se sont principalement servis les ennemis de l'égalité et de la vertu pour opérer le 9 thermidor. D'autres membres du Comité de salut public se joignirent à eux ou par jalousie ou par immoralité ou par un esprit anti-républicain, mais ce n'est pas de la totalité de leur conspiration que je m'occupe : j'ai voulu seulement me rendre compte à moi-même de quelle manière Barrere et Vadier y jouèrent un rôle principal (3).

(1) On sait que cette invention des ennemis de Robespierre a fait fortune de nos jours. Les livres scolaires répètent tous aujourd'hui, sur la foi de M. Aulard, que Robespierre fut le Pontife de l'Être Suprême.

(2) Buonarroti fait ici allusion à l'affaire de Catherine Théot que Vadier et le Comité de Sûreté générale montèrent contre Robespierre pour le discréditer dans l'opinion. J'ai étudié cette manœuvre dénuée de bonne foi dans mes *Contributions à l'histoire religieuse de la Révolution*, Alcan, 1906.

(3) Vadier fut enfermé au Fort-National devant Cherbourg avec cinq condamnés à la déportation par la Haute Cour de Vendôme ; j'étois du nombre. Souvent la conversation rouloit sur ce malheureux 9 thermidor et amenoit de violens débats entre Vadier et Germain qui étoit sincerement attaché à la Démocratie.

Un jour Germain reprochoit à Vadier d'avoir annoncé qu'un cachet à fleur de lys avait été trouvé chez Robespierre ou sur le bureau de la Commune. Vadier s'écria : pour cela c'est une calomnie de l'invention de *Barrere*.

Une autre fois, pour montrer à Vadier les intentions toutes populaires de Robespierre et de Saint-Just, je lui rappelai les décrets qui assuroient aux malheureux les biens des ennemis de la Révolution. Vadier m'interrompit en s'écriant : *C'est précisément alors*.... (Note de Buonarroti, en marge du folio 59).

Je tiens de Barrere le fait suivant :

Dans une séance du Comité de Salut public, Saint-Just et Robespierre reprochèrent à Carnot d'être aristocrate, [celui-ci fut effrayé et versa des larmes; alors Barrere dit] (1) et le menacèrent de le dénoncer comme tel à la Convention. Alors Barrere dit : En ce cas je publierai que vous en voulez à l'homme qui organise la victoire (2).

Je tiens de Baudot que Léonard Bourdon ayant été envoyé le 9 thermidor à la section des Gravilliers pour l'engager à marcher contre la Commune, il y rencontra une forte opposition qu'il ne put vaincre qu'en assurant que Robespierre avoit signé un contrat de mariage pour épouser la fille de Louis seize. Baudot m'a assuré que ce fait lui a été raconté par Bourdon lui-même.

Quand Robespierre eût dit au nom du Comité de Salut public : *Dans le sistème de la révolution française ce qui est immoral est impolitique, ce qui est corrupteur est contre-révolutionnaire. La foiblesse, les vices, les préjugés sont le chemin de la royauté*, les faux amis de l'égalité pâlirent.

Quand le même comité eut dit par l'organe de Couthon : *Une révolution comme la nôtre n'est qu'une succession rapide de conspirations parce qu'elle est la guerre de la tirannie contre la liberté, du crime contre la vertu*, les intrigans furent épouvantés.

Quand Saint-Just rapporteur du même comité eut dit : *Vous n'avez rien fait en immolant le Tyran si vous n'immolez la corruption par laquelle le parti de l'étranger vous ramène à la royauté*, les fripons se sentirent perdus.

Quand la Convention nationale mit la vertu et la probité à l'ordre du jour, quand Robespierre osa attaquer l'immoralité; quand il conseilla de reconnoitre l'existence de l'Être suprême et l'immortalité de l'âme, les hommes corrompus effrayés conspirèrent contre la vertu, c'est-à-dire contre la République.

Robespierre conseilla fortement l'adoption de la Religion

(1) Phrase barrée dans le manuscrit.

(2) Chacun était libre de lui répondre qu'en détruisant Robespierre ils détruisaient la République, qu'il ne pouvoit partager ni leurs craintes ni leurs desseins. Il les quitta sans pouvoir les détromper et ils le congédièrent en lui prédisant qu'il ne tarderoit pas à éprouver lui-même la tirannie de Robespierre (Note de Buonarroti au verso du folio 59). Peut-être cette note serait-elle mieux placée après la conversation rapportée par Ingrand, plus haut, p. 506.

naturelle et s'opposa seul aux efforts de ceux qui vouloient proscrire toute idée religieuse. Il fit paraître à cette occasion une grande fermeté de caractère et des vues politiques très profondes. Le nombre de ceux qui, à cette époque, affichoient le matérialisme, ou par sistème, ou par immoralité, étoit très considérable et on risquait en les combattant d'attirer sur sa tête une dangereuse accusation.

Sous les mauvaises loix des vérités morales se trouvent entourées d'une enveloppe de préjugés et d'erreurs. Les révolutions politiques en déchirant sans précaution l'enveloppe entament malgré elles le noyau qu'elle renferme. C'est ce qui arriva dans le cours de la révolution française. En se dépouillant des préjugés religieux, beaucoup de personnes crurent qu'elles pouvoient se dispenser de cette morale naturelle qui est essentielle à toute société. Ainsi, par exemple, dès que l'on ne crut plus à la divinité de l'ancien Testament, on se crut aussi affranchi de cette probité rigoureuse commandée par les préceptes du décalogue et il y eut des gens aux yeux de qui le vol et le libertinage perdirent toute leur difformité dès qu'ils n'eurent plus peur de l'enfer.

Au frein très fragile des préjugés religieux les vrais citoyens avoient substitué dans leur cœur le lien de la bienveillance, les mouvemens de la pitié, les attraits de l'égalité, l'amour de la vertu et les charmes de la gloire. Mais d'autres, confondant la dépravation avec la liberté, débarassés de toute crainte et de toute espérance pour l'avenir n'écoutèrent plus que la voix de l'avarice et de l'ambition. Des hommes investis de l'autorité publique étalèrent un faste asiatique, abusèrent de leur pouvoir pour s'enrichir, insultèrent à la pudeur et traitèrent le peuple avec insolence. Ces désordres furent provoqués et justifiés par la prédication de doctrines relâchées et furent encouragés par les efforts que l'on fit pour ériger l'athéisme en dogme national. Cette malheureuse immoralité alla si loin qu'elle produisit au sein même de la Convention nationale des concussionnaires, des falsificateurs de décret, des protecteurs d'ennemis publics, et des révélateurs de secrets de l'état (1).

(1) Buonarroti fait ici allusion à Perrin de l'Aube condamné pour concussion à douze ans de fers, à Chabot, Basire, Delaunay d'Angers, Julien de Toulouse qui falsifièrent ou laissèrent falsifier moyennant finance le décret de liquidation de la compagnie des Indes, à Hérault de Séchelles, à Osselin

Une telle dégradation étoit effrayante. Que n'avoit-on pas à craindre, que pouvoit-on espérer d'hommes dégoûtés de la vertu, énervés par la volupté et ne soupirant qu'après l'or et le pouvoir? Tout autorisoit à penser que cette faction immorale étoit l'instrument dont se servoit la ligue des rois pour empêcher l'établissement de la République. Robespierre se chargea de la dénoncer et de la déjouer, dans la vue de préserver le peuple de ses funestes conseils et plus particulièrement dans celle de conserver intacte à la Convention nationale l'opinion de pureté qui lui était nécessaire pour achever son entreprise. Ce fut Robespierre qui conseilla à cette auguste assemblée de reconnoître à la face du monde l'existence de l'Être suprême et de l'immortalité de l'âme, de confirmer la liberté des cultes et d'instituer des fêtes nationales. Ce décret, dont la légèreté seule a pu blâmer les dispositions, joint à la sévérité qui fut déployée contre les factieux, déplut aux hommes immoraux et provoqua leurs sarcasmes et ceux de quelques sophistes irreligieux contre celui qui l'avoit proposé. On n'épargna pour le rendre odieux ni les insinuations malicieuses, ni les plaisanteries déplacées, ni les manœuvres de la police ; aux uns il fut peint comme un fanatique, aux autres comme un ambitieux qui employoit le prestige de la Religion pour usurper le pouvoir. La guerre fut déclarée au Ciel pour perdre la vertu sur la Terre. Aux intrigues succéda une conspiration criminelle : Robespierre s'en plaignit à ses collègues du Comité de Salut public ; les coupables furent avertis, leur effroi redoubla et leur audace devint extrême. L'immoralité, la vanité blessée consommèrent enfin la contre-révolution du 9 thermidor (1).

etc. qui donnaient asile à des émigrés. Les collègues d'Hérault au Comité de Salut public ne voulaient plus tenir séance en sa présence dans la persuasion où ils étaient qu'il trahissait le secret des délibérations.

(1) L'immoralité étoit effrayante.

Les hommes immoraux étoient :

Les intrigans qui mettoient à profit les inquiétudes qu'ils fesoient naître,

Les orgueilleux qui ne songeoient qu'à faire parler d'eux,

Les représentans et les fonctionnaires qui voloient, étaloient le faste, duroyoient le peuple, insultoient à la pudeur, employoient la justice publique pour venger leurs propres injures, se mocquoient de la foi des sermens, cherchoient les richesses, se mocquoient de la vertu et applaudissoient au vice heureux.

Ces gens-là étoient par leurs vices les ennemis de l'Égalité. Ils devoient craindre le gouvernement révolutionnaire.

Il faudrait tout un volume pour commenter dignement ces notes si remarquables.

Ce qui frappe de prime abord en les lisant, c'est cette affirmation répétée que Robespierre représentait le parti de l'honnêteté, de la justice, de l'égalité. L'affirmation me paraît dans une large mesure conforme à la vérité historique. Il est certain que parmi les ennemis les plus acharnés de Robespierre il y eut des individus d'une moralité très suspecte, des Rovère, des Freron, des Barras, des Tallien, des Fouché, des Courtois. Leur République n'avait que faire de la vertu.

Déjà Louis Blanc constatant les déprédations, les vols dont furent l'objet les biens nationaux avait écrit : « plus on pénètre dans l'histoire de la Révolution, plus on est forcé de reconnaître que le parti qu'y représentèrent Robespierre et ses amis fut... le parti des honnêtes gens... » (1) Les notes de Buonarroti apportent au jugement de Louis Blanc une force nouvelle.

Mais Buonarroti considère aussi Robespierre comme le précurseur du babouvisme, comme un socialiste d'action et d'intention. Quand on lit les réflexions que Robespierre écrivait pour lui-même au jour le jour sur son calepin, on doit avouer que Buonarroti a raison. Au reste n'était-il pas mieux placé que nous pour savoir à quoi s'en tenir?

Ils prônoient l'athéisme pour énerver les âmes, abattre les courages et dégoûter de la Vertu et de l'Égalité. Ils rendoient le patriotisme odieux, ils indisposoient le peuple contre la révolution. Robespierre vit le danger de l'immoralité; il vit que si elle devenoit dominante, les immoraux livreroient le Peuple à l'aristocratie et à la royauté.

Il jugea que ce système tenoit à une conspiration.

Il pensa que si on ne s'y opposoit pas, la République et la Révolution étoient perdues.

Il lutta contre une partie du peuple égaré.

Il arrêta la prédication athée. La vertu et la probité, Fête de la divinité. Sarcasmes. Plaisanteries. Calomnies. Intrigues. Théost. 9 thermidor. Aux immoraux se joignirent les demi-philosophes, les admirateurs de Voltaire, les matérialistes. (Note de Buonarroti.)

(1) Louis Blanc, t. II, p. 482, 2e col.

« Quel est le but? écrivait Robespierre sur son calepin, que Courtois qui le publie appelle son « espèce de catéchisme », Quel est le but? L'exécution de la Constitution en faveur du peuple.

« Quels seront nos ennemis? Les hommes vicieux et les *riches* (1) » et plus loin : « *Les dangers intérieurs viennent des bourgeois*; POUR VAINCRE LES BOURGEOIS, IL FAUT RALLIER LE PEUPLE. Tout était disposé pour mettre le peuple sous le joug des bourgeois et faire périr les défenseurs de la République sur l'échafaud. Ils ont triomphé à Marseille, à Bordeaux, à Lyon, ils auraient triomphé à Paris, sans l'insurrection actuelle (2) ».

Qu'on cherche dans toute l'œuvre de Danton des phrases pareilles, on ne les trouvera pas et remarquez que ces phrases ont été écrites pour Robespierre seul, qu'elles résument ses réflexions intimes, par conséquent qu'elles nous dévoilent le fond de sa pensée.

Qu'importe après cela que Robespierre n'ait pas laissé comme tant de nos contemporains de belles théories, un système ingénieusement échafaudé où le communisme aurait été démontré par A + B? En est-il moins socialiste? Il l'est infiniment plus à mon sens que ces artistes si nombreux aujourd'hui qui mettent constamment leur socialisme dans les mots et dans les affiches pour n'avoir pas à le mettre dans les faits.

Robespierre a personnifié deux choses également essentielles dans une république qui veut vivre : le culte des principes et le dévouement au bien public. Qui pourrait dire que son exemple n'a plus besoin d'être rappelé, qu'il n'y a pas de leçon à tirer ni de sa vie ni de sa politique?

Albert MATHIEZ.

(1) Rapport de E. B. Courtois du 16 nivôse, p. 180. C'est Courtois qui souligne.

(2) Même rapport, p. 181, même remarque.

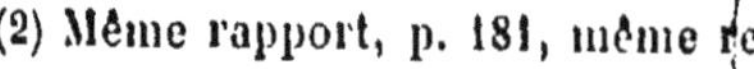

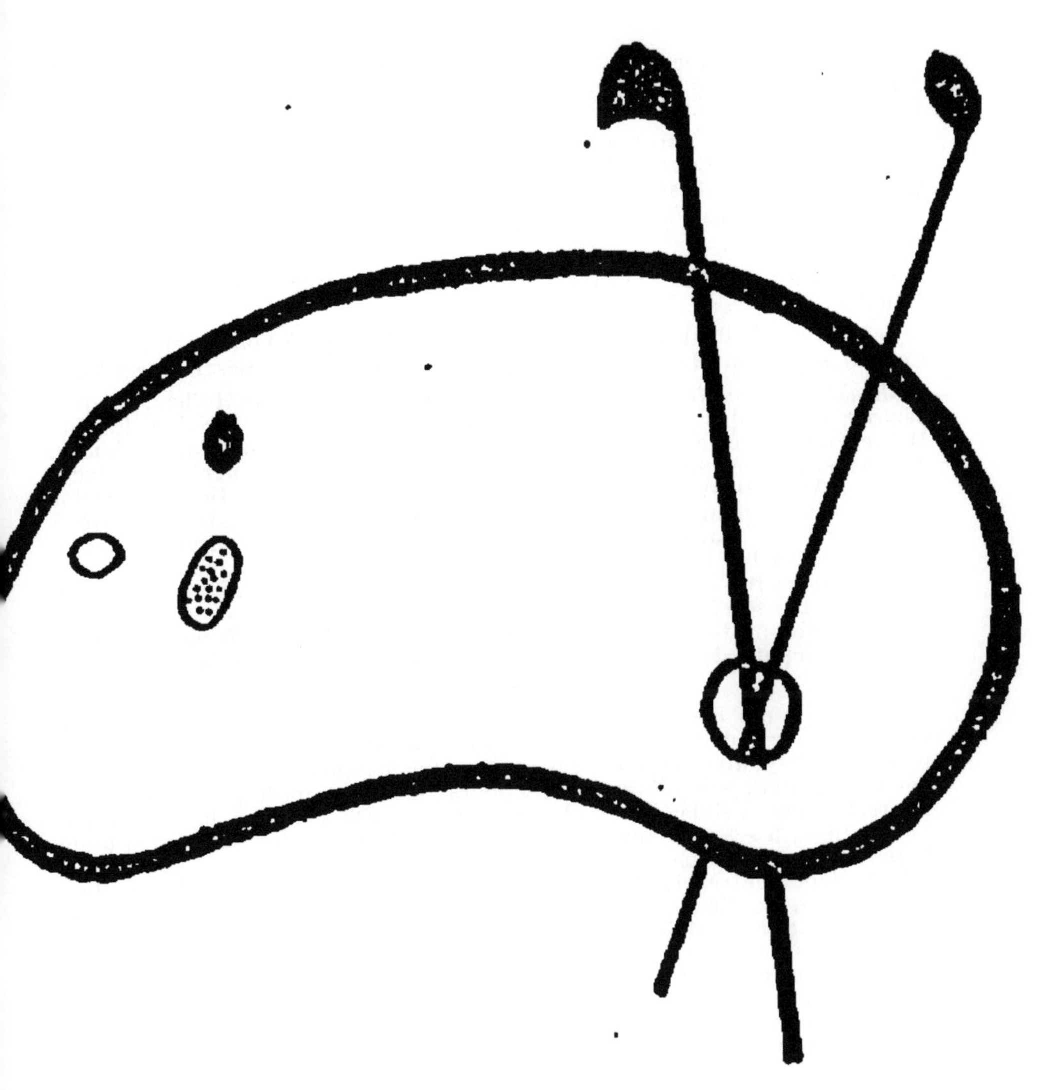

SOCIÉTÉ DES ÉTUDES ROBESPIERRISTES

COMITÉ DIRECTEUR

Président : M. Albert MATHIEZ, ancien chargé de cours aux Universités de Nancy et de Lille, professeur agrégé d'histoire au lycée Voltaire, docteur ès lettres (19, avenue du Bel Air, Paris XIIe).

Vice-présidents : MM. le docteur BLOTTIÈRE, adjoint au maire du VIIe arrondissement; Paul COUTANT-LE BAS (STÉFANE-POL), docteur en droit, juge de paix du IVe arrondissement; Hippolyte BUFFENOIR, homme de lettres.

Secrétaire général : M. Edmond CAMPAGNAC (51, rue Denfert-Rochereau, Paris VIe).

Secrétaire : M. Louis CLAVEAU, secrétaire-rédacteur à la Chambre des Députés.

Trésorier : M. Paul RISSON, professeur agrégé au lycée Voltaire, membre du Conseil supérieur de l'Instruction publique (19, rue Jules César, Paris XIIe).

Membres du Comité : MM. J.-Paul BONCOUR, député du Loir-et-Cher; Jacques BONZON, avocat, docteur en droit; Hector DEPASSE, député de la Seine; Eugène DÉPREZ, docteur ès lettres, archiviste départemental du Pas-de-Calais; Lucien DESCAVES, homme de lettres; Édouard DRIAULT, professeur agrégé au lycée Hoche à Versailles; F. DUBIEF, ancien ministre; Dr Jacques DUPLAY; Hector FLEISCHMANN, homme de lettres; Hans GLAGAU, professeur extraordinaire à l'Université de Marburg; Ernest HAUVILLER, directeur des archives de la Lorraine à Metz; JEAN-BERNARD, homme de lettres; F.-M. KIRCHEISEN; Gustave LAURENT; Dr Victorin LAVAL, ancien président de l'Académie de Vaucluse; André LEBEY, secrétaire de la rédaction de *La Révolution de 1848;* Ernest LEROUX, éditeur; Georges RENARD, professeur au Collège de France; Gustave ROUANET, député de la Seine; François VERMALE, avocat, docteur en droit.

La société des études robespierristes, qui achève sa troisième année, ne demande pour Robespierre que la justice qui lui est légitimement due. Elle n'est animée contre ses adversaires d'aucune passion préconçue. C'est une œuvre purement scientifique qu'elle poursuit. Elle ne limite pas le champ de ses recherches à Robespierre et à son groupe. Elle l'étend à la Révolution tout entière, à ses préludes comme à son épilogue, embrassant ainsi toute la période comprise entre 1770 et 1815 environ.

La société a entrepris la publication des Œuvres complètes de Maximilien Robespierre. M. Eugène DÉPREZ, archiviste départemental du Pas-de-Calais, docteur ès-lettres, ancien élève de l'école des Chartes et de l'école de Rome, a bien voulu accepter la tâche de publier pour le compte de la société les premiers écrits de Robespierre pendant son séjour à Arras avant 89. Le premier fascicule, qui comprend 4 feuilles et est orné d'un beau fac-similé de l'écriture de Robespierre, est en vente. Le second va paraître.

La cotisation annuelle, fixée à 20 fr. donne droit à toutes les publications de la Société.

Nouveaux collaborateurs : MM. Marcel BEUCHER, attaché au Ministère de la Justice, Léon CAHEN, professeur agrégé au lycée Condorcet, docteur ès lettres; Joseph COMBET, docteur ès lettres; Dr Julien GAGEY; Emile GUILLOUET; J. LETACONNOUX, professeur agrégé d'histoire; Paul MANTOUX, docteur ès lettres, professeur agrégé au collège Chaptal; André MATER, avocat, docteur en droit; Charles PERGAMENI, professeur à l'Université de Bruxelles; Commandant PINET, bibliothécaire de l'École polytechnique; Henry POULET, maître des requêtes du Conseil d'État; P. RICHARD, professeur agrégé d'histoire; Léon ROSENTHAL, professeur agrégé au lycée Louis-le-Grand, docteur ès lettres; Gustave ROUANET, député de la Seine; Gustave RUDLER, professeur agrégé au lycée Louis-le-Grand, docteur ès lettres; Eugène THIÉBAUD; Albert THOMAS, agrégé de l'Université, député de la Seine.

Ont collaboré à la troisième année des Annales révolutionnaires : MM. Amédée Britsch, H. Buffenoir, Ed. Campagnac, E. Déprez, Edouard Driault, H. Fleischmann, A. Fray-Fournier, Ernest Hauviller, Emile Lesueur, Paul Mantoux, Albert Mathiez, Commandant Pinet, Paul Reynoard, Paul Risson, Gustave Rouanet, Gustave Rudler, Eugène Thiébaud, G. Vauthier, François Vermale.

www.ingramcontent.com/pod-product-compliance
Ingram Content Group UK Ltd.
Pitfield, Milton Keynes, MK11 3LW, UK
UKHW020219200726
13856UKWH00004B/1487

9 782012 891975